DÉCRET ET RÈGLEMENT

DU 8 AOUT 1895

SERVICE DE L'HABILLEMENT

DANS LES ATELIERS DE TRAVAUX PUBLICS

ET LES PÉNITENCIERS MILITAIRES

SUIVIS DE

l'Instruction relative à l'application dudit Règlement

(Extrait du *Journal militaire*, 2° semestre 1895, n° 23.)

PARIS

LIBRAIRIE MILITAIRE DE L. BAUDOIN

IMPRIMEUR-ÉDITEUR

30, Rue et Passage Dauphine, 30

1895

DÉCRET

DU 8 AOUT 1895

Relatif à l'exécution du Règlement sur le Service de l'Habillement dans les Ateliers de travaux publics et les Pénitenciers militaires.

LE PRÉSIDENT DE LA RÉPUBLIQUE FRANÇAISE,

. . . .

Considérant qu'il importe, tant dans un but d'uniformité que pour la simplification des écritures, d'étendre aux ateliers de travaux publics et aux pénitenciers militaires le système de l'habillement au compte de la masse d'habillement et d'entretien dont le fonctionnement dans les corps de troupe et les écoles militaires a donné les meilleurs résultats ;

Sur le rapport du Ministre de la guerre,

DÉCRÈTE :

A partir de la date qui sera fixée par le Ministre de la guerre, le service de l'habillement sera exécuté, dans chacun des ateliers de travaux publics et des pénitenciers militaires, conformément aux dispositions du règlement ci-après.

RÈGLEMENT

DU 8 AOUT 1895

Sur le Service de l'Habillement dans les Ateliers de travaux publics et les Pénitenciers militaires.

TITRE PREMIER.

RÈGLES GÉNÉRALES CONCERNANT LES ALLOCATIONS.

CHAPITRE Ier.

RÈGLES D'ALLOCATIONS.

Prestations.

Art. 1er. Dans les ateliers de travaux publics et les pénitenciers militaires, il est pourvu à l'habillement des détenus au moyen de prestations en deniers. L'ensemble de ces prestations constitue la masse d'habillement et d'entretien de chacun de ces établissements.

Bases des allocations.

Art. 2. Pour chacune des journées de présence des détenus, il est alloué une journée de prime d'habillement fixée par le tarif nº 1, annexé au présent règlement.

Matériel mis gratuitement à la disposition des établissements.

Art. 3. Les ateliers de travaux publics et les pénitenciers militaires sont, quand l'utilité en est reconnue, pourvus gratuitement des effets et objets de campement autres que ceux qui figurent au tableau nº 1 comme étant à la charge de la masse d'habillement et d'entretien.

CHAPITRE II.

MASSE D'HABILLEMENT ET D'ENTRETIEN.

Recettes de la masse.

Art. 4. La masse d'habillement et d'entretien fait normalement recette :

1º De l'allocation de prime déterminée par le tableau nº 1 ;

2º De tout envoi de fonds ou ordonnancement pour remboursement de la valeur d'effets passés à d'autres établissements ou pour dépenses imputables au budget de l'habillement ;

3º Du montant des pertes ou dégradations d'effets ou de matériel appartenant à la masse d'habillement et d'entretien, provenant de la faute des détenteurs et imputables à leurs fonds particuliers.

Elle peut éventuellement faire recette des allocations accordées par le Ministre, soit pour remboursement des pertes subies dans les cas de force majeure, tels qu'ils sont définis par le règlement sur la comptabilité des matières appartenant au département de la guerre, soit à titre de secours.

Payement de la masse d'habillement et d'entretien.

Art. 5. La masse d'habillement et d'entretien est payée aux établissements par mois et à terme échu.

CHAPITRE III.

DÉCOMPTES DE LIBÉRATION.

Établissement des décomptes de libération.

Art. 6. Le décompte des prestations du service de l'habillement est établi sur un tableau annexé aux revues trimestrielles de liquidation concernant le service de la solde et d'après les règles posées dans le règlement spécial à ce service.

TITRE II.

RÈGLES GÉNÉRALES CONCERNANT LE MATÉRIEL.

Constitution de l'approvisionnement.

Art. 7. Dans les ateliers de travaux publics et les pénitenciers militaires, il est constitué un approvisionnement destiné à satisfaire à tous les besoins en effets d'habillement et d'équipement.

Art. 8. Cet approvisionnement est divisé en deux portions.

La première portion comprend les matières et effets que l'établissement doit toujours recevoir des magasins administratifs ou qu'il est autorisé à confectionner ou à recevoir des corps de troupe.

La deuxième portion se compose des matières et effets que

l'établissement est autorisé à acheter directement ou qu'il ne reçoit qu'éventuellement des magasins administratifs ou des corps de troupe.

Le Ministre détermine, sur la proposition des conseils d'administration, les quantités d'effets de chaque espèce à comprendre dans chacune des portions de l'approvisionnement.

Achat et réception des effets de la seconde portion.

Art. 9. Les achats de matières et effets destinés à la seconde portion de l'approvisionnement, la passation des marchés et le payement des fournitures sont effectués par les soins du conseil d'administration.

TITRE III.

FONCTIONNEMENT DU SERVICE.

CHAPITRE Ier.

ACTION DES CONSEILS D'ADMINISTRATION.

Art. 10. Les conseils d'administration qui ont en charge des approvisionnements sont pécuniairement responsables de leur existence et de leur entretien dans les conditions déterminées par le règlement sur l'administration et la comptabilité des corps de troupe.

Ils en assurent la conservation par les moyens en personnel et en matériel mis à leur disposition.

Ils passent les marchés prévus à l'article 9.

Action du président du conseil.

Art. 11. Le président du conseil veille à l'exécution des délibérations prises par le conseil d'administration. Il s'assure que les effets remplacés ne peuvent plus être maintenus en service.

Il assiste aux distributions et certifie le bon numérique établi par le comptable du matériel pour justifier la sortie des effets.

CHAPITRE II.

PERSONNEL D'EXÉCUTION.

Personnel permanent d'exécution du service de l'habillement.

Art. 12. Le personnel adjoint au comptable du matériel dans les ateliers de travaux publics et les pénitenciers militaires est déterminé par le règlement qui régit ces établissements.

CHAPITRE III.

RÈGLES GÉNÉRALES D'EXÉCUTION.

Les effets n'ont pas de durée obligatoire.

Art. 13. Aucune durée obligatoire n'est assignée aux effets qui entrent dans la composition du matériel du service de l'habillement.

Tous ces effets doivent être employés à l'habillement et à l'équipement des détenus, jusqu'à complète usure.

Ils sont ensuite utilisés aux réparations.

CHAPITRE IV.

REMISE ET REPRISE DES EFFETS AUX DÉTENUS.

Détenus entrant dans un établissement.

Art. 14. Le nombre et la nature des effets dont chaque détenu doit être détenteur et ceux qui lui sont retirés à l'expiration de sa peine font l'objet d'une nomenclature arrêtée par le Ministre.

CHAPITRE V.

MATÉRIEL HORS DE SERVICE.

Remise en magasin des effets hors de service.

Art. 15. Les effets ne pouvant plus être utilisés sont versés au magasin de l'établissement et classés à part jusqu'au moment où ils reçoivent la destination que l'autorité administrative supérieure prescrit de leur donner.

TITRE IV.

ÉCRITURES ET COMPTABILITÉ.

CHAPITRE Ier.

Prix à attribuer aux effets.

Art. 16. Dans les comptes, les effets neufs provenant des magasins de l'Etat sont décomptés aux prix de la nomenclature générale du service de l'habillement.

Les effets provenant des corps de troupe sont décomptés aux prix de revient dans les corps livranciers.

Les effets achetés dans le commerce par l'établissement ou confectionnés par ses soins sont décomptés aux prix réels d'achat ou de revient.

Les effets très bons sont décomptés aux mêmes prix que les effets neufs.

Les effets en cours de durée sont décomptés aux prix déterminés par la nomenclature des matières et effets du service de l'habillement et du campement.

Registres à tenir.

Art. 17. Le comptable du matériel tient les registres prescrits à l'officier d'habillement par les règlements sur l'administration et la comptabilité des corps de troupe et sur la comptabilité des matières appartenant au département de la guerre, qui sont applicables au matériel en usage dans l'établissement ; il fait inscription au livret individuel des effets distribués aux détenus.

Comptes de gestion.

Art. 18. Le comptable du matériel établit le compte de gestion portant inventaire au 31 décembre de chaque année du matériel appartenant à l'Etat et mis gratuitement à la disposition de l'établissement, et l'inventaire estimatif des matières, effets ou objets au compte de la masse d'habillement et d'entretien existant en magasin ou en service au 31 décembre de chaque année.

Compte du fonds de l'habillement établi par le comptable du matériel.

Art. 19. Le comptable du matériel établit annuellement le compte général de la masse d'habillement et d'entretien de l'établissement, suivant les règles ordinaires de la comptabilité.

CHAPITRE II.

ACTION DU SERVICE DE L'INTENDANCE.

Vérification des dépenses en deniers et en matières.

Art. 20. Les dépenses en deniers et en matières effectuées en vertu de décisions du conseil d'administration de l'établissement sont vérifiées et régularisées, dans la forme réglementaire, par les sous-intendants militaires.

Les sous-intendants militaires procèdent à l'inventaire des approvisionnements de l'établissement.

TITRE V.

DISPOSITIONS FINALES.

Art. 21. Toutes les dispositions antérieures relatives au service de l'habillement et aux masses de petit équipement et d'entretien dans les ateliers de travaux publics et les pénitenciers militaires sont abrogées.

Le Ministre de la guerre est chargé de l'exécution du présent décret.

Fait au Havre, le 8 août 1895.

Signé : FÉLIX FAURE.

Par le Président de la République :

Le Ministre de la guerre,

Signé : Gal ZURLINDEN.

TARIF N° 1.

Art. 4 du Règlement.

MASSE D'HABILLEMENT ET D'ENTRETIEN

dans les ateliers de travaux publics et les pénitenciers militaires.

PRESTATIONS EN DENIERS.

Primes journalières d'entretien.	Ateliers de travaux publics.....................		0.14
	Pénitenciers militaires.....	Intérieur...........	0.11
		Algérie.............	0.12

TABLEAU des matières et effets qui composent l'approvisionnement des ateliers de travaux publics et des pénitenciers militaires.

DÉSIGNATION DES MATIÈRES ET OBJETS.	OBSERVATIONS.
A. — 1re PORTION. — EFFETS ET MATIÈRES QUE LES ÉTABLISSEMENTS DOIVENT TOUJOURS RECEVOIR DES MAGASINS ADMINISTRATIFS OU PEUVENT ÊTRE AUTORISÉS A CONFECTIONNER.	
§ 1er. — Matières premières.	
Draps.	
Toile { en lin. / en coton.	
§ 2. — Effets d'habillement.	
Vareuse.	
Pantalon.	
Capot.	
Ceinture de flanelle.	
§ 3. — Coiffure.	
Képi.	
§ 4. — Grand équipement.	
Étui de revolver en cuir noir (modèle général).	
Havresac.	Pour les sous-officiers non adjudants.
§ 5. — Effets de chaussure.	
Brodequins (paire de).	
Souliers (paire de).	
§ 6. — Effets de campement.	
Petit bidon.	Quand les détenus en sont pourvus.
Courroie de petit bidon.	
B. — 2e PORTION. — EFFETS QUE LES ÉTABLISSEMENTS SONT AUTORISÉS A ACHETER DIRECTEMENT OU QU'ILS NE REÇOIVENT QU'ÉVENTUELLEMENT DES MAGASINS ADMINISTRATIFS OU DES CORPS DE TROUPE.	
Tous les effets à l'usage des détenus non compris dans la nomenclature ci-dessus composent la 2e portion, ainsi que les ceinturons vernis à l'usage des sous-officiers non adjudants.	

INSTRUCTION

DU 8 AOUT 1895

Relative à l'application du Règlement sur le Service de l'Habillement dans les Ateliers de travaux publics et les Pénitenciers militaires.

Objet de la masse d'habillement et d'entretien.

Art. 1er. La masse d'habillement et d'entretien est destinée à pourvoir aux dépenses résultant, pour les ateliers de travaux publics et les pénitenciers militaires, de l'entretien et du remplacement des effets à l'usage des détenus, ainsi qu'au remplacement et à l'entretien des effets de grand équipement à l'usage particulier des sous-officiers surveillants non adjudants.

La nomenclature de tous ces effets fait l'objet du tableau A ci-annexé.

La masse d'habillement et d'entretien supporte également toutes les menues dépenses qui incombaient à la masse de petit équipement supprimée, telles que : dégradations au casernement, à la literie, au matériel des hôpitaux ; l'étamage des petites gamelles, quarts, cuillers, etc., ainsi que la prime de travail qui pourrait être payée aux détenus employés aux réparations des effets.

Le tableau B donne la nomenclature des dépenses, actuellement imputables au budget de la justice militaire, qui doivent être supportées par la masse d'habillement et d'entretien.

Matériel mis gratuitement à la disposition des établissements.
(Article 3 du règlement.)

Art. 2. Les ateliers de travaux publics et les pénitenciers militaires ne doivent présenter, pour la réforme, les ustensiles et objets de campement, que lorsque le magasin administratif n'est pas situé dans la même localité que l'établissement. Les effets réformés sont remis au Domaine. Quand le magasin se trouve dans la place, il est procédé à l'échange des effets, objets et ustensiles détériorés.

Les demandes d'échange, appuyées d'un extrait du procès-verbal rapporté pour constater l'état du matériel et la nécessité de l'échange sont adressées au sous-intendant militaire chargé de la surveillance administrative des magasins administratifs par le sous-intendant militaire chargé de la vérification et de la régularisation des dépenses de l'établissement.

Payement de la masse. (Article 5 du règlement.)

Art. 3. La masse d'habillement et d'entretien est perçue par mois et à terme échu.

Le montant du décompte est compris sur des états du modèle n° 1.

Ces états sont établis en double expédition, dont une portant quittance est sur papier blanc, et l'autre, déclaration de quittance, sur papier bleu.

Le sous-intendant militaire, chargé de l'ordonnancement des prestations en deniers de la masse d'habillement et d'entretien, déduit de ces états le montant des duplicata des factures de livraison des effets faites à l'établissement par les magasins administratifs pendant le mois que l'ordonnancement concerne. Si le montant des livraisons est supérieur à celui de l'état de payement, l'excédent est retenu à la fin du mois suivant.

Décompte de libération. (Article 6 du règlement).

Art. 4. La liquidation du compte de la masse d'habillement et d'entretien s'opère sur un fascicule spécial, modèle n° 2.

Ce fascicule est annexé à la revue trimestrielle de liquidation concernant les détenus.

Le montant des factures de livraison de chaque trimestre, d'étoffes ou effets, faites par les magasins administratifs, est porté au débit de l'établissement sur ce fascicule dans le tableau particulier à ces inscriptions.

Le trop ou le moins-perçu ressortant sur le fascicule est imputé ou reporté sur le premier état de perception.

Toutefois, le moins-perçu que fait ressortir le décompte relatif au quatrième trimestre est immédiatement ordonnancé au profit de l'établissement, sur état spécial, et imputé directement à l'exercice que le décompte concerne. Si le décompte du 4e trimestre fait au contraire ressortir un trop-perçu, le montant en est versé au Trésor au titre de l'exercice qu'il concerne. Dans le cas où l'avoir en caisse de l'établissement ne permettrait pas d'effectuer ce versement, il en serait rendu compte au Ministre (Direction des Services administratifs; 4e Bureau : Habillement et Campement, Lits militaires et Invalides) par la voie hiérarchique.

Constitution et entretien de l'approvisionnement en effets de la première portion.
(Article 7 du règlement.)

Art. 5. Les commandes des effets nécessaires pour constituer ou entretenir l'approvisionnement de la première portion sont établies d'après le modèle n° 3. Les établissements se conforment, pour la réception des effets et la prise en charge des matériaux d'emballage, aux dispositions de l'instruction relative à l'application du règlement sur le service de l'habillement dans les corps de troupe.

Achat et réception des effets de la seconde portion. (Article 9 du règlement.)

Art. 6. Les conseils d'administration des ateliers de travaux publics et des pénitenciers militaires passent, conformément au règlement sur l'administration et la comptabilité des corps de troupe, les marchés pour l'achat des effets de la seconde portion. Les achats ne doivent comprendre que des effets réglementaires et conformes aux types ministériels.

Il est fait mention sommaire, au registre des délibérations du conseil, de la réception des effets. En conséquence, il n'est pas tenu de registre spécial pour la constatation de cette opération.

Personnel d'exécution. (Article 12 du règlement.)

Art. 7. Il est ouvert, dans chaque établissement, des ateliers de tailleurs et de cordonniers pour la réparation des effets des détenus. Ces ouvriers sont choisis parmi les condamnés.

Remise et reprise des effets aux détenus. (Article 14 du reglement.)

Art. 8. Les militaires dirigés sur un atelier de travaux publics sont pourvus des effets désignés au tableau A, par les soins du magasin administratif du corps d'armée, pour entendre la lecture du jugement de condamnation ; ils conservent ces effets pour se rendre à l'établissement qui leur a été affecté.

Le surplus des effets dont ils doivent être pourvus leur est délivré à leur arrivée à destination.

Les factures de livraison sont établies par les officiers d'administration comptables au titre de l'atelier de travaux publics sur lequel le militaire est dirigé.

Art. 9 Des effets du service d'instruction, dont la nomenclature est fixée par le tableau A, sont delivrés aux condamnés aux travaux publics, pour se rendre aux corps qui leur sont assignés à leur sortie.

Ces effets sont délivrés à l'établissement par un corps de troupe désigné par le commandement.

Les frais de transport, quand il y a lieu, sont à la charge de la masse d'habilllement et d'entretien.

La valeur des effets cédés par les corps leur est remboursée par le budget de l'habillement sur le relevé modèle n° 1 *bis* du décret du 14 janvier 1889.

Le montant de ces cessions est imputé à l'établissement, ainsi qu'il est dit aux articles 3 et 4 pour les effets provenant des magasins administratifs.

Art. 10. Les militaires dirigés sur les pénitenciers militaires ne reçoivent qu'à leur arrivée dans ces établissements les effets dont ils doivent être pourvus.

Ils restent munis, pour la route, des effets à l'uniforme de leurs corps dont ils se trouvaient détenteurs lors de leur mise en jugement.

Les effets du classement en cours de durée peuvent être échangés contre des effets du service d'instruction.

Le tableau A détermine le nombre et la nature de ces effets.

Les effets qu'emportent les condamnés sont préalablement dégarnis de tout signe distinctif de grade, de classe ou d'emploi ; cette disposition est mise à exécution au pénitencier, si elle n'a pas été appliquée au corps.

Les signes distinctifs retirés des effets sont classés hors de service pour être versés au domaine.

Les effets d'uniforme apportés par les condamnés leur sont retirés par les soins de l'officier comptable ; ils sont nettoyés et réparés suivant le besoin, puis placés au magasin avec des étiquettes à leurs noms et numéros d'écrou. Mention particulière est faite au livret de chaque détenu des effets qui ont été déposés en magasin pour leur être remis à leur sortie définitive.

La valeur des effets apportés par les condamnés n'est pas remboursée par l'établissement au corps d'origine.

Art. 11. Tous les effets d'habillement remis aux condamnés sont marqués d'un numéro d'ordre. Ce numéro est, pour chaque condamné, celui sous lequel il est inscrit au registre d'écrou.

Matériel hors de service. (Article 15 du règlement.)

Art. 12. Les effets mis hors de service sont versés en magasin. Une partie est réservée pour être affectée au service particulier et temporaire des hommes admis à l'infirmerie, auxquels on retire les effets ordinaires que l'on fait sanifier pendant leur séjour à l'infirmerie et qui leur sont rendus à leur sortie. Une partie est conservée pour servir aux réparations ; le surplus reçoit la destination que l'autorité administrative supérieure prescrit de lui donner.

Registres à tenir. (Article 17 du règlement.)

Art. 13. Le comptable du matériel établit le bon de distribution, (modèle n° 4) ; il procède, en présence du président du conseil, à la distribution des effets qui figurent sur ce bon ; il fait inscription au livret individuel, sur le feuillet (modèle n° 5), des effets distribués à chaque condamné ; il établit les bulletins de versement des effets d'après le modèle 48 annexé au décret du 14 janvier 1889.

Le comptable du matériel tient, en ce qui concerne la masse d'habillement et d'entretien, le registre des entrées et des sorties du matériel appartenant à l'établissement. Le chapitre relatif aux effets est scindé en deux parties :

La première partie est destinée à l'inscription des effets au classement neuf ;

La deuxième partie, à rl'insciption des effets au classement en cours de durée.

Compte du fonds de l'habillement établi par le comptable du matériel.
(Article 49 du règlement.)

Art. 14. Le compte annuel des recettes et dépenses de la masse d'habillement et d'entretien, établi par l'officier d'administration comptable, est conforme au modèle n° 6.

Ce compte doit présenter l'avoir en deniers réel de la masse au dernier jour de l'année ; à cet effet, les sommes à recouvrer ou à payer au titre de l'année écoulée, lors de la centralisation du quatrième trimestre, sont portées en recettes et en dépenses aux fonds divers, et la masse en est créditée ou débitée par un virement.

Art. 15. La masse d'habillement et d'entretien sera mise en pratique à partir du 1er janvier 1896.

Paris, le 8 août 1895.

Le Ministre de la guerre,

Signé : Gal ZURLINDEN.

TABLEAU A.

Art. 1er, 8, 9 et 10
de l'Instruction.

TABLEAU présentant :

1° Les effets que doivent recevoir les condamnés aux travaux publics avant leur départ, par les soins du magasin administratif de la région ;
2° Les effets du service d'instruction dont doivent être pourvus les condamnés dirigés sur un pénitencier militaire ;
3° Nomenclature des effets dont doivent être pourvus les détenus ;
4° Nomenclature des effets que reçoivent les sous-officiers surveillants non adjudants.

DÉSIGNATION DES EFFETS.	Ateliers de travaux publics.	NOMBRE D'EFFETS.		Surveillants non adjudants.	OBSERVATIONS.
		Pénitenciers situés à l'intérieur.	en Algérie.		
1° EFFETS QUE DOIVENT RECEVOIR LES CONDAMNÉS AUX TRAVAUX PUBLICS AVANT LEUR DÉPART, PAR LES SOINS DU MAGASIN ADMINISTRATIF DE LA RÉGION (1) :					(1) Les condamnés aux travaux publics dirigés sur un corps de troupe, lors de leur libération, reçoivent les effets du service d'instruction dont la nomenclature est déterminée au 2° du présent tableau, pour les condamnés dirigés sur un pénitencier militaire.
A l'uniforme des travaux publics. Pantalon de drap	1				
Vareuse	1				
Képi	1				
Cravate en coton bleu (2)	1				
2° EFFETS DU SERVICE D'INSTRUCTION DONT DOIVENT ÊTRE POURVUS LES CONDAMNÉS DIRIGÉS SUR UN PÉNITENCIER MILITAIRE (3).					(2) A défaut de cravates dans le magasin administratif, cet effet est délivré par un corps de la garnison.
Tunique ou dolman, selon l'arme		1	1		La valeur de la cravate est remboursée au corps par le budget de l'habillement sur le relevé modèle 1 *bis* du décret du 14 janvier 1889.
Pantalon		1	1		L'imputation du montant de l'effet est faite à l'établissement de travaux publics sur le fascicule relatif au service de l'habillement, annexé à la revue trimestrielle de liquidation.
Képi		1	1		
Chemise en coton		2	2		
Cravate de coton bleu		1	1		
Caleçon de coton		1	1		
Bretelles (paire de)		1	1		
Souliers (paire de)		1	»		
Guêtres de toile		1	»		
Brodequins		»	1		
3° NOMENCLATURE DES EFFETS DONT DOIVENT ÊTRE POURVUS LES DÉTENUS.					(3) Ces effets sont déposés au magasin de l'établissement pénitentiaire pour être remis aux condamnés lors de la libération de leur peine (Art. 9 de l'instruction).
Effets d'habillement.					
Capot		1	1	1	
Pantalon de drap		1	1	1	
Vareuse		1	1	1	
Ceintures de flanelle		1	»	1	
Effets de coiffure.					
Képi		1	1	1	

DÉSIGNATION DES EFFETS.	NOMBRE D'EFFETS.				OBSERVATIONS.
	Ateliers de travaux publics.	Pénitenciers situés à l'intérieur.	en Algérie.	Surveillants non adjudants.	
Effets de grand équipement.					
Havresac (ancien modèle)...................	1	»	1		
Effets de petit équipement.					
Bourgeron en toile.....................	1	1	1		
Bretelles de pantalon (paire)..............	1	1	1		
Brodequins (paire).......................	1	»	1		Pour travaux extérieurs.
Caleçons de coton......................	2	2	2		
Calotte de coton.......................	1	1	1		
Ceinture de laine (du modèle général pour les troupes d'Afrique)....................	1	»	1		
Chaussons garnis d'une semelle en basane (paire de)........................	2	2	2		Pour travaux intérieurs.
Chemises de coton......................	2	2	2		
Couteau à lame mobile et à bout arrondi....	1	1	1		
Couvre-nuque en coton...................	1	»	1		N'est délivré que sur l'avis des officiers du corps de santé.
Cravate de coton bleu...................	2	2	2		
Cuiller............................	1	1	1		
Espadrilles ou chaussure de repos (paire d').	1	1	1		
Gamelle individuelle.....................	1	1	1		
Gobelet ou quart.......................	1	1	1		
Guêtres en toile........................	»	2	»		Pour travaux extérieurs.
Livret individuel (modèle spécial)..........	1	1	1		
Mouchoirs...........................	2	2	2		
Pantalon de treillis.....................	1	1	1		
Sac à effets.........................	»	1	»		
Sabots (paire de).......................	2	2	2		Pour travaux intérieurs.
Souliers (paire de)......................	»	1	»		Pour travaux extérieurs.
Trousse garnie (sans alène, ciseaux à bouts arrondis).........................	1	1	1		Par groupe de deux détenus.
Tablier de travail ou tablier en basane (selon l'état exercé par le condamné)..........	1	1	1		
Sac de petite monture renfermant : { 1 brosse à habits 1 brosse double à chaussure. 1 brosse à reluire........ 1 boîte à graisse et à cirage.. }	1	1	1		Par groupe de deux détenus.
Serviettes...........................	2	2	2		
4° NOMENCLATURE DES EFFETS DONT DOIVENT ÊTRE POURVUS LES SOUS-OFFICIERS NON ADJUDANTS :					
Ceinturon en cuir verni orné de plaque.....	»	»	»	1	
Étui de revolver en cuir verni noir (modèle général.............................	»	»	»	1	

TABLEAU B.

—

Article 1ᵉʳ
de l'Instruction.

Dépenses au compte de la masse d'habillement et d'entretien autres que celles relatives aux effets et à leur entretien.

DÉSIGNATION DES DÉPENSES.	OBSERVATIONS.
Bulletin officiel du Ministère de la guerre. Reliure du *Bulletin officiel* du ministère de la guerre (partie réglementaire). Brochage du *Bulletin officiel* du ministère de la guerre (partie supplémentaire).	
Magasin. Ingrédients pour nettoyer les effets en service. Ingrédients pour l'entretien des effets en magasin. Marques, timbres, échelles, etc., et tout objet mobile servant à l'exploitation du service de l'habillement. Toile d'emballage. Caisse d'emballage, clous, pointes, ficelle, corde, etc. Rideau, à défaut de volets. Pièges à rats. Encre pour marquer les effets.	
Vaguemestre. Achat de registres. Indemnité journalière. .... Gratification annuelle..............	L'indemnité journalière, fixée par le conseil, ne peut excéder 10 centimes par jour. La quotité de la gratification est fixée par l'inspecteur général sur la proposition du conseil, de telle sorte que, pour l'ensemble de l'établissement, la totalité des sommes payées n'excède, en aucun cas, 75 fr. par an, y compris l'achat des registres.
Frais divers. *Annuaire militaire.* Recueils divers dont l'achat facultatif est autorisé par le Ministre. Presse autographique. Désinfection des baquets-latrines. Cruches en grès pour les cellules de correction. Cruches en grès pour les dortoirs ou chambrées. Frais de sépulture des détenus dans les places non pourvues d'établissements hospitaliers.	

GOUVERNEMENT
MILITAIRE
de
ou
• CORPS D'ARMÉE.

—

DÉPARTEMENT
d

—

MASSE D'HABILLEMENT
ET D'ENTRETIEN.

—

Mois d   189 .

—

QUITTANCE.
Acquit imputable sur la
revue du   • trimestre
189 , pour (1).

(1) L'intérieur ou l'Afrique.

MODÈLE Nº 1.
—

Art. 3 de l'instruction
du 8 août 1895.

Format : 0ᵐ,380 ✕ 0ᵐ,240.

EXERCICE 189 .

—

BUDGET ORDINAIRE.

—

CHAPITRE   . — ARTICLE

—

SERVICE DE L'HABILLEMENT ET DU CAMPEMENT.

—

Désigner
l'établissement }

—

*ÉTAT COLLECTIF présentant les droits acquis, pour les détenus,
pendant le mois d   , à la prime journalière de la
masse d'habillement et d'entretien.*

DÉSIGNATION des PARTIES PRENANTES.	QUOTITÉ du LA PRIME.	NOMBRE DE JOURNÉES donnant droit à la prime.	DÉCOMPTE en DENIERS.	OBSERVATIONS.
TOTAL du décompte.....				

CERTIFIÉ par nous, membres du Conseil d'administration, le présent état
montant à la somme de   , pour prime de la masse d'habillement et d'entretien pendant le mois d

A   , le   189 .

Vu et VÉRIFIÉ par nous, Sous-Intendant militaire employé à
       , le présent état montant à......................

Augmentations par suite :

1° Des décomptes de libérations des revues précédentes ;
2° Des rectifications des revues ;
3° Des ordres particuliers du Ministre.

TOTAL....

Diminutions par suite :

1° Des décomptes de libérations des revues ;
2° De la rectification des revues ;
3° Des ordres particuliers du Ministre.

Imputations :

De la valeur des effets reçus des magasins administratifs ou d'autres corps ou établissements dont le montant doit être imputé au décompte de libération de la revue de l'établissement.

IL RESTE à ordonnancer.....

NOTA. — La déclaration de quittance est établie sur papier bleu et est semblable au présent modèle, sauf les modifications suivantes :

(1) Déclarons avoir donné à..., *au lieu de* reconnaissons avoir reçu.

(2) Quittance.

Nous arrêtons, en conséquence, le présent état à la somme de
que nous mandons à M.   , trésorier-payeur général de   , de payer au Conseil d'administration d
pour les causes ci-dessus énoncées.

A   , le   189 .

Nous, soussignés, membres du Conseil d'administration, reconnaissons avoir reçu (1) de M.   ,
trésorier-payeur général d
(2) la somme de
portée au présent mandat.

A   , le   189 .

<table>
<tr><td>

MINISTÈRE
DE LA GUERRE.
═══════
PLACE D
—
^e TRIMESTRE.
Format : 0^m,380 ✕ 0^m,250.

</td><td>

RÉPUBLIQUE FRANÇAISE.

</td><td>

MODÈLE N° 2.
—
Art. 4 de l'Instruction
du 8 août 1895.
NOTA. — Le modèle est annexé à la revue trimestrielle de la solde au moyen d'onglets.

</td></tr>
</table>

PRESTATIONS EN DENIERS

du

SERVICE DE L'HABILLEMENT.

EXERCICE 189 .

CHAPITRE , ARTICLE DU BUDGET.

Désigner
l'établissement. {

DÉCOMPTE DE LIBÉRATION

*des prestations en deniers de la masse d'habillement
et d'entretien.*

CRÉDIT DE L'ÉTABLISSEMENT.

DÉSIGNATION DES PARTIES PRENANTES et des allocations.		NOMBRE de JOURNÉES.	FIXATION par JOURNÉE.	MONTANT du DÉCOMPTE.
Détenus.	{ Prime journalière d'entre-tien			
	Montant du crédit de l'établissement			
Augmentations.	{ Rectification d'erreurs . . . . . { Moins-perçus pendant le tri-mestre précédent			
	Partant, le crédit définitif de l'établissement est de			

DÉBIT DE L'ÉTABLISSEMENT.

§ 1er. — *Mandats ordonnancés au profit de l'établissement.*

DÉPARTEMENTS où les payements ont été effectués.	NOMS des ordonnateurs secondaires signataires des mandats	PÉRIODE que les mandats concernent.	NUMÉROS des mandats.	MONTANT de chaque mandat.	MONTANT des mandats par département.	MONTANT du débet de l'établissement.	OBSERVATIONS.

§ 2. — *Valeur des effets reçus des magasins administratifs.*

DÉSIGNATION DES ÉTABLISSEMENTS.	DATES des EXPÉDITIONS.	MONTANT de chaque facture de livraison.

§ 3. — *Valeur des effets reçus des corps de troupe ou établissements et dont le montant leur a été remboursé sur les fonds du budget de l'habillement sur état modèle n° 1 bis du décret du 14 janvier 1889.*

DÉSIGNATION des corps OU ÉTABLISSEMENTS.	DATES des EXPÉDITIONS.	MONTANT de chaque facture de livraison.

Dimi- ⎰ Rectification d'erreur......................
nutions.. ⎱ Trop-perçu pendant le trimestre précédent...

TOTAL.......... ...

Le crédit définitif de l'établissement étant de...........

Il reste un (1)   -perçu de........ ..

(1) Moins ou trop.

CERTIFIÉ par nous, membres du Conseil d'administration, le présent décompte de libération, duquel il résulte qu'il a été perçu en (1)   par l'établissement la somme de
au titre de la masse d'habillement et d'entretien pendant le
      ᵉ trimestre 189   .

A   , le   189   .

VÉRIFIÉ :

Le Sous-Intendant militaire,

(1) Moins ou trop.

GOUVERNEMENT
MILITAIRE
de
ou
• CORPS D'ARMÉE.

PLACE d

Désigner
l'établisse-
ment.

• trimestre.

MODÈLE N° 3.
—
Art. 5 de l'Instruction
du 8 août 1895.

Format : 0ᵐ,315 ✕ 0ᵐ,210.

DEMANDE DES MATIÈRES ET EFFETS

nécessaires à l'établissement pendant le e *trimestre* 189 .

DÉSIGNATION des MATIÈRES ET EFFETS.	QUANTITÉS DEMANDÉES.				QUANTITÉS (en toutes lettres).
	MA-TIÈRES.	EFFETS			
		de 1ʳᵉ taille	de 2ᵉ taille.	de 3ᵉ taille.	
Drap (Indiquer la nuance).					
Vareuses... 1ʳᵉ taille	»		»	»	
Vareuses... 2ᵉ taille.........	»	»		»	
Vareuses... 3ᵉ taille.........	»	»	»		
Etc., etc.					

CERTIFIÉ la présente demande par le Conseil d'administration.

A , le 189 .

<table>
<tr><td>

MASSE
D'HABILLEMENT
et
D'ENTRETIEN.
—
 trimestre 189 .

Format : 0^m,815 × 0^m,210.

</td><td>

Désigner
l'établisse-
ment. {

</td><td>

MODÈLE Nº 4.
—
Art. 13 de l'Instruction
du 8 août 1895.

NOTA. — Les effets sont classés dans l'ordre d'inscription au registre du matériel.

Les surcharges aux quantités en toutes lettres doivent être approuvées par le comptable du matériel et le Président du Conseil d'administration.

</td></tr>
</table>

BON DE DISTRIBUTION *des effets ci-après détaillés :*

DÉSIGNATION des EFFETS.	EFFETS AU CLASSEMENT NEUF. Quantités distribuées.		EFFETS AU CLASSEMENT EN COURS DE DURÉE. Quantités distribuées.	
	En chiffres.	En toutes lettres.	En chiffres.	En toutes lettres.

CERTIFIÉ par l'officier comptable du matériel.

A , le 189 .

Le président du Conseil d'administration certifie que les effets ci-dessus détaillés ont été distribués en sa présence, et que l'inscription en a été faite au livret individuel des détenus qui ont participé à la distribution.

A , le 189 .

MODÈLE N° 5.

Art. 43 de l'Instruction
du 8 août 1895.

LIVRET INDIVIDUEL.

Fascicule à substituer au tracé du modèle actuel.

FONDS PARTICULIERS.

DATES.	DÉTAIL des RECETTES ET DES DÉPENSES.	RECETTES.	DÉPENSES.

5 feuillets semblables.

OBSERVATIONS. — Effacer sur le titre du livret l'indication du numéro d'ordre au registre des comptes courants des masses individuelles.

ENREGISTREMENT SUCCESSIF DES EFFETS DE LA PREMIÈRE PORTION.

NOTA. — Les effets neufs sont indiqués par la lettre N; ceux en cours de durée par la lettre B. La lettre au classement neuf remise au détenu pendant le est suivie du chiffre qui représente le numéro d'ordre du mois de l'année. Exemple : Pour une vareuse mois d'avril 1894, l'inscription à faire sera N. 4.

DE LA DISTRIBUTION DES EFFETS.

DÉSIGNATION des EFFETS.	ANNÉES						ANNÉE 18 .	ANNÉE 18 .	ANNÉE 18 .	ANNÉE 18 .	ANNÉE 18 .	ANNÉE 18 .	ANNÉE 18 .	ANNÉE 18 .	ANNÉE 18 .	ANNÉE 18 .
	ANNÉE 18 .	ANNÉE 18 .	ANNÉE 18 .	ANNÉE 18 .	ANNÉE 18 .	ANNÉE 18 .										
Habillement.																
Capot........																
Pantalon de drap.......																
Vareuse....																
Ceinture de flanelle....																
Coiffure.																
Képi........																
Grand équipement.																
Havresac........																

DÉSIGNATION des EFFETS.	ANNÉE 18 .	ANNÉE 18 .	ANNÉE 18 .	ANNÉE 18 .	ANNÉE 18 .	ANNÉE 18 .	ANNÉE 18 .	ANNÉE 18 .	ANNÉE 18 .	ANNÉE 18 .	ANNÉE 18 .	ANNÉE 18 .	ANNÉE 18 .	ANNÉE 18 .	ANNÉE 18 .	ANNÉE 18 .
Habillement.																
Capot........																
Pantalon de drap........																
Vareuse........																
Ceinture de flanelle........																
Coiffure.																
Képi........																

2 tableaux semblables.

ENREGISTREMENT SUCCESSIF DES EFFETS

(N'inscrire d'avance les noms des mois

DÉSIGNATION DES EFFETS.	mois d 18	mois d 18	mois d 18	mois d 18	mois d 18	mois d 18	mois d 18	mois d 18	mois d 18	mois d 18	mois d 18
Bourgeron en toile...............											
Bretelles de pantalon (paire).......											
Brodequins (paire)...............											
Caleçons de coton...											
Calotte de coton................											
Ceinture de laine (modèle général)..											
Chaussons (paire)............											
Chemises de coton.............											
Couteau..............											
Couvre-nuque en coton...........											
Cravate de coton bleu.............											
Cuiller........................											
Espadrilles ou chaussons de repos (paire)											
Gamelle individuelle.............											
Gobelet ou quart................											
Guêtres en toile (paire)...........											
Livret individuel.................											
Mouchoirs......................											
Pantalon de treillis....											
Sac à effets.., ...											
Sabots (paire)...................											
Souliers (paire).......											
Trousse garnie...................											
Tablier de travail................											
Tablier en basane................											
Sac de petite monture............											
Brosse à habits.................											
Brosse double à chaussures........											
Brosse à reluire.................											
Boîte à graisse et à cirage........											
Serviettes......................											

DE LA 2e PORTION.

que s'ils comportent des distributions.)

mois d 18	mois d 18	mois d 18	mois d 18	mois d 18	mois d 18	mois d 18	mois d 18

MINISTÈRE
DE LA GUERRE.

RÉPUBLIQUE FRANÇAISE.

MODÈLE N° 6
Annexé à l'Instruction
du 8 août 1895.

Format : 0ᵐ,315 × 0ᵐ,210.

DIRECTION
des
SERVICES ADMINISTRATIFS.

ANNÉE 189 .

4ᵉ BUREAU.
Habillement et campement.
Lits militaires et Invalides.

Désigner
l'établissement.

COMPTE ANNUEL

DE LA MASSE D'HABILLEMENT ET D'ENTRETIEN.

RECETTES.

§ 1ᵉʳ. — *Droits constatés par le fascicule spécial à la masse d'habillement et d'entretien, annexé à la revue trimestrielle de liquidation.*

TABLEAU N° 1.

	1ᵉʳ TRIMESTRE.	2ᵉ TRIMESTRE.	3ᵉ TRIMESTRE.	4ᵉ TRIMESTRE.	TOTAL des allocations pour les quatre trimestres.
Détenus. { Primes journalières...........					
TOTAUX........					
Augmentations. { Pour redressement d'erreurs.....					
ENSEMBLE........................					
Diminutions. { Pour redressement d'erreurs.....					
Reste représentant le crédit de l'établissement pour l'année 189					

§ 2. — *Recettes additionnelles.*

	1er TRIMESTRE.	2e TRIMESTRE.	3e TRIMESTRE.	4e TRIMESTRE.	TOTAUX.
1° Virement à la masse d'habillement et d'entretien de l'avoir à la masse de petit équipement au jour de la mise en pratique du nouveau système					
2° Constitution en matières de la 1re mise par l'État.............					
5° Ordonnancement sur les fonds du budget de l'habillement des effets versés à d'autres établissements ou à des corps de troupe...					
4° Allocations pour pertes par cas de force majeure............................					
5°					
6°					
7°					
8° Remboursement par les fonds divers des sommes dues par divers débiteurs au 31 décembre 189					
TOTAL......................					
Report des droits de l'établissement qui ressort d'autre part...........					
Avoir à la masse au 1er janvier 189					
TOTAL des recettes à comparer aux dépenses......					

DÉPENSES.

	1er TRIMESTRE.	2e TRIMESTRE.	3e TRIMESTRE.	4e TRIMESTRE.	TOTAUX.
1° Imputation au décompte de la revue trimestrielle de liquidation de la valeur des effets reçus des magasins administratifs..........................					
2° Imputation au décompte de libération de la revue de la valeur des effets reçus d'autres établissements ou des corps de troupe.......................					
3° Payement des effets achetés dans le commerce					
4 Réparations à l'habillement et à la coiffure.					
5° Réparations à la chaussure..........					
6° Dégradations diverses (casernement, etc.)...............................					
7° Frais de transports d'effets........					
8° Versement au Trésor de la valeur ou de la moins-value du matériel appartenant à l'Etat........................					
9°					
10°					
11°					
12° Montant des sommes dues à divers au 31 décembre 189 et dont la masse est débitée par inscription aux fonds divers au crédit des intéressés,.......					
TOTAL.........................					
A ajouter le débet à la masse au 1er janvier 189					
Montant des dépenses à comparer aux recettes.............					

Tableau Nᵒ 3.

Tableau N° 3.

RÉCAPITULATION.

Total des recettes qui ressort au tableau n° 1....
Total des dépenses qui ressort au tableau n° 2. . .

(1)   au dernier jour de l'année.

Cet (1)   se décompose ainsi :

Valeur totale des effets { en magasin..............
{ en service..............

A ajouter :

Excédent de recettes sur les dépenses des quatre tri-
mestres de l'année...........................

Total................

Ou à déduire :

Excédent de dépenses sur les recettes des quatre tri-
mestres de l'année...........................

Somme égale...........

Certifié par les membres du Conseil d'administration.

A   , le   189   .

Vérifié :

Le Sous-Intendant militaire,

(1) Avoir *ou* débet.

Paris. — Imp. L. Baudoin, rue Christine, 2.

www.ingramcontent.com/pod-product-compliance
Lightning Source LLC
LaVergne TN
LVHW021051050726
842519LV00003B/1113